HACIENDA DE RAMBRAN.

LES INCAS DU PÉROU

I

L'histoire du Pérou avant la conquête du pays par les Espagnols n'est révélée qu'imparfaitement par le folklore national et par les ruines des grands travaux de construction. Elle se perd surtout, comme les origines du nouveau monde en général, dans la nuit des temps. On peut affirmer toutefois, grâce aux savantes recherches de Tschudi et Rivero, de Desjardins, de Wiener, de Reisz et Stübel, et principalement de Prescott, que, dès une époque très reculée, la civilisation y avait étendu considérablement son domaine. Puis, l'élément sauvage reprenant le dessus, les âges de prospérité avaient fait place à ceux de la décadence et du retour à la barbarie. Tout à coup, au milieu de ces populations indigènes qui avaient laissé s'éteindre jusqu'au souvenir de la gloire de leurs aïeux, parut un étranger, Manco Capac, se prétendant fils du Soleil et de sang divin, comme sa femme Manca Oello. Garcilaso de la Vega, qui publia son *Histoire générale du Pérou*, en 1616, à Cordoue, et l'avait fait précéder de ses *Commentaires royaux de l'origine des Incas* (Lisbonne, 1609-1616), dit que cet événement eut lieu au douzième siècle de notre ère.

Alors s'inaugura sur les bords du lac Titicaca une nouvelle période de splendeur. Manco Capac sut inspirer à ces naturels incultes le respect et la soumission. Il organisa, en cimentant l'union des diverses tribus, un État solide dont les assises furent le pouvoir théocratique, l'ordre administratif, la centralisation des lois, des croyances, la fusion de tous les idiomes particuliers (*amiara, moxo, chiquito, abipon, mocobi*) dans le quichua, et l'adoption, pour les secrets politiques, d'une langue royale et hiératique, qui, déjà morte à l'arrivée des Européens, ne fut point connue d'eux. Sur ces bases s'édifia un empire qui fut, durant quatre siècles, le plus florissant de cette partie du monde. Les Incas — c'était le nom des maîtres du Pérou depuis Manco Capac — exerçaient leur autorité absolue à la fois comme chefs visibles de la nation et comme représentants mystérieux ou organes de la divinité suprême, exigeant une sujétion sans bornes de tous les habitants, mais les gouvernant avec sagesse, avec bonté, avec habileté en les maintenant dans des castes rigoureusement infranchissables. Un seul de ces Incas, le treizième, fut conquérant, et il expia son ambition par l'anéantissement de la liberté du Pérou et par sa propre mort. Tous les autres ne demandèrent leur grandeur qu'aux mesures pacifiques. Sous leur impulsion, les sauvages se civilisèrent rapidement, et telle fut la fécondité de leur œuvre, qu'au commencement du seizième siècle ils possédaient, sans avoir à craindre de révoltes, toute la région comprise entre le Quito et le Chili.

Leur force procédait de leur vigilance. Dans le fonctionnement du mécanisme gouvernemental, vraiment admirable de précision, créé par Manco Capac en quelque sorte tout d'une pièce, tout était prévu et coordonné, jusqu'aux moindres rouages ; tout était réglementé, même le progrès, qui ne pouvait suivre qu'une voie lente tracée méthodiquement d'avance. La richesse publique, le culte, fondement de l'évolution morale, la défense du pays, rien ne se trouvait livré au hasard. La « route des Incas », dont on voit encore les vestiges à travers la Cordillère, et qui égale, en science stratégique, le génie militaire des Égyptiens, en méritant d'être comparé à celui des Romains, atteste, par une surprenante entente des conditions et de l'appropriation du terrain, un vaste ensemble de connaissances qu'on ne rencontre, même en Europe, que chez les peuples avancés en culture intellectuelle. L'agriculture était très développée, quoique l'on ignorât l'usage des instruments en fer. Le commerce suffisait au bien-être de tous, bien qu'il n'y eût ni importation ni exportation, le contact avec les pays voisins étant interdit sévèrement pour éviter la corruption des mœurs et des institutions.

Instruit par la méditation et sachant, comme avait fait Mahomet six siècles auparavant, que la foi est le plus sûr levier des âmes encore ignorantes et par là même crédules, Manco Capac avait voulu que le foyer de son empire fût le Temple, et, pour en augmenter l'éclat, il l'avait dédié au Soleil, son père, disait-il. Il en avait confié la garde aux prêtresses, vestales, comme les Romaines chargées d'entretenir le feu sacré. et il avait transmis à son fils Sinohi Roka son code oral de justice, dont chaque précepte était dicté par l'amour du bien. Les successeurs de ce premier des Incas ne s'écartèrent point de cette maxime. Tous leurs actes avaient pour source l'équité. Ils ne s'occupèrent que de multiplier leurs bienfaits en ne recourant qu'à la persuasion pour obtenir la confiance de leurs sujets. Les uns, comme Sinohi, agrandirent leur territoire par des annexions, librement et volontairement consenties; les autres, comme Mayta, améliorèrent les routes pour rendre les communications plus faciles, jetèrent des ponts sur les fleuves ; d'autres, comme le second Roka, introduisirent les écoles ou firent construire des aqueducs, et, chose unique peut-être dans les annales d'une nation, pendant toute cette suite de siècles, il n'y eut qu'une seule fois, sous Iahuarhuakab, un signe de mécontentement, qui fut immédiatement apaisé (1).

(1) On ne connaît communément en France l'histoire des Incas que par le roman déclamatoire et absurde de Marmontel, qui eut de la vogue au dix-huitième siècle et dont les manuels de littérature parlent encore aujourd'hui, ou

II

« Il faut périr par quelque endroit, » selon Bossuet (1). Le fléau qui vint détruire tant de bonheur politique fut l'Espagne. Ses conquistadores arrivèrent au Pérou au moment où le dernier des Incas, Huana Capac, après s'être emparé de Quito, laissait le trône à ses deux fils, Atahualpa et Hulesca, qui renouvelèrent, dans le nouveau monde, les guerres fratricides d'Étéocle et de Polynice. François Pizarre profita de ces discussions, et la conquête dans ces conditions lui fut facile. Atahualpa, fait prisonnier par les Espagnols, fut livré au supplice. Le conquistador n'eut plus qu'à étendre la main pour saisir l'empire de Manco Capac jusqu'à Cuzco. Des milliers d'indigènes succombèrent dans les massacres ordonnés par le vainqueur. Charles-Quint intervint, il est vrai, dans cette tuerie, en édictant des lois d'exception pour ses possessions américaines et en tâchant de mettre un terme au régime fondé par les aventuriers. Nunez Velasco di Velu, nommé vice-roi et gouverneur du Pérou, ne parvint pas à endiguer le flot de sang. Les Espagnols s'insurgèrent contre lui, l'emprisonnèrent, le déportèrent sur une île déserte et, quand Gonzalez Pizarre revint de son excursion à l'Amazone, il lui fut aisé de s'arroger le pouvoir; mais le parti pacifique opéra bientôt une scission en mettant à sa tête Nunez délivré. Ce fut le signal d'une effroyable boucherie, où tous les défenseurs de la paix, avec Nunez, trouvèrent la mort.

Charles Quint, averti tardivement de ces faits, envoya un prêtre, Pedro de la Gasca, au Pérou avec cinq cents hommes pour y rétablir l'ordre, après avoir écrasé la rébellion de Gonzalez Pizarre. Ce dernier opposa d'abord une résistance énergique aux soldats du roi, mais, abandonné par les siens, il tomba aux mains de Gasca, qui le fit monter sur l'échafaud.

Gasca était un homme probe et juste. Il fut le libérateur des indigènes en faisant cesser les cruautés commises par les conquistadores et en donnant au pays des lois équitables. Sa tâche accomplie, il retourna en Espagne. Son départ réveilla l'audace et la férocité des massacreurs. Les derniers descendants des Incas essayèrent de recouvrer le trône. Ils échouèrent dans leur tentative et furent décapités en 1571.

Philippe II lui-même, qui avait cependant ratifié les jugements du tribunal du sang dans les Pays-Bas, s'émut des horreurs poursuivies sans relâche au Pérou. Il pacifia l'Amérique espagnole... par la terreur. L'ordre régna enfin à Lima. Le vice-roi eut le gouvernement non seule-

---

ne sait pourquoi. En 1763, Le Blanc de Guillet fit jouer une tragédie ridicule : *Manco Capac, premier Inca du Pérou*, qui contenait ce vers cacophonique si connu, grâce à Voltaire :

Crois-tu de ce forfait Manco Capac capable ?

Les travaux de Tschudi et Rivero, que nous avons cités plus haut; ceux de Desjardins et l'*Histoire de la conquête du Pérou*, de Prescott, n'ont guère été répandus parmi nous. Il serait peut-être utile d'étudier plus attentivement la législation de Manco Capac, non moins admirable que celles de Lycurgue, de Solon, etc. (C. S.)

(1) Discours sur l'histoire universelle, *les Empires*, chap. III.

ment du territoire péruvien, mais du Chili, du Paraguay, de Buenos-Ayres et de la Terra-Firma. Cet état de choses subsista jusqu'au commencement du dix-septième siècle. A cette époque, les Jésuites accaparèrent le Paraguay; en 1739, la Terra-Firma et Quito se détachèrent du Pérou en prenant le nom de Nouvelle-Grenade; puis, en 1776, Buenos-Ayres suivit leur exemple pour devenir la vice-royauté de Rio de la Plata. Entre ces deux événements se place (1742-1745) la révolte de Juan Santos, qui se prétend l'héritier des Incas. Quarante ans après, Tubac Amaru, le vrai ou faux Inca, renouvelle cette insurrection. Elle est étouffée comme la première.

Le Pérou resta ainsi à l'Espagne jusqu'en 1820. A cette date, le général San Martin, au service du gouvernement de la Plata, projette avec lord Cochrane l'affranchissement du sud-américain. La désunion des Espagnols et la trahison le secondent. Le 9 juillet 1821, il fait son entrée triomphale à Lima et proclame, le 28 du même mois, solennellement l'indépendance péruvienne.

Ce ne fut qu'une victoire de courte durée. Le 19 janvier 1823, les patriotes sont battus à Moquehua; leur défaite ouvre le chemin aux armées d'Espagne, qui reprennent Lima le 19 juin, mais quittent bientôt la ville, pour marcher contre l'insurrection colombienne soulevée par Bolivar.

Les Espagnols comptaient 18,000 hommes de bonne troupe, et tout faisait prévoir l'échec de leurs adversaires, quand de nouvelles discordes se produisirent entre leurs chefs. La destitution du vice-roi La Serna en fut la conséquence. On n'aurait pu commettre une faute plus grave. Le général Sucre, un des auxiliaires de Bolivar, bat l'armée espagnole dans le nord sur le plateau de Junin, le 5 août 1824, et la fait prisonnière à Ayacucho, le 9 décembre. Ce fut le coup fatal porté à l'Espagne : la paix de Torque en 1829 lui arracha à jamais le Pérou. Mais la fondation de la République péruvienne ruinait aussi à jamais les espérances des Indiens, qui espéraient encore la restauration des Incas et se berçaient de l'illusion de revenir à l'âge d'or de Manco Capac.

Charles Simond.

UN CAMPEMENT.

CAJAMARCA

LA CAPITALE DE L'INCA.

I

A Cascas, on quitte le département de la Libertad pour entrer dans celui de Cajamarca. Là commence en réalité l'ascension de la première chaîne des Cordillères.

Soit dit en passant et pour n'y plus revenir, le système Andin se subdivise en quatre sections absolument distinctes : 1° la *Sierra*, qui longe la côte, région aride, grillée, où la végétation ne se révèle que dans les plis de quelques vallons étroits ou *quebradas*; 2° la *Puna*, région des plateaux et des pâturages; 3° la *Cordillère* proprement dite, qui comprend le massif central et les sommets chargés de neiges éternelles; 4° la *Montaña*. Le terme ne désigne pas, comme on pourrait le croire, un territoire particulièrement montagneux, mais les pentes du versant oriental couvertes de forêts vierges et, par extension, les solitudes amazoniennes. Cette division est adoptée pour toute l'étendue de la chaîne : Colombie,

Équateur, Pérou et Bolivie. Elle ne cesse d'être applicable qu'à partir du Chili. Sous ces latitudes basses, la Cordillère, réduite à son minimum d'épaisseur, constitue une zone d'aspect uniforme, muraille abrupte pendant l'été, rempart infranchissable de glaces durant l'hiver.

En sortant du village, dans la direction du nord-est, on gravit, à l'ombre d'une forêt semi-tropicale, un couloir extrêmement raide. Après des lacets sans nombre, le sentier débouche sur l'arête, puis redescend par des pentes gazonnées, coupées d'éboulis et de coulées de glaise. L'horizon se déploie immense vers l'est, tumultueux comme une mer agitée. A mesure que le soir approchait, des traînées de vapeurs bleues venaient s'accrocher aux crêtes, écharpes de gaze transparente dessinant le contour des vallées. Bientôt, quelques vestiges de culture, des carrés de luzerne et de maïs révélaient le voisinage de Contumassa, chétive bourgade élevée au rang de sous-préfecture.

Je tombais au beau milieu d'une fête. Le calendrier péruvien est tellement riche en solennités, qu'il est bien rare que votre arrivée dans un hameau ne coïncide pas avec des réjouissances publiques. La place était transformée en une arène où se donnait le simulacre d'une course de taureaux.

Si je n'avais su déjà tout ce qu'est susceptible de contenir une cabane de dix pieds carrés, et combien l'entassement dans un étroit espace, éminemment propice à l'élevage de la vermine, est en faveur auprès de l'indigène, jamais je n'eusse espéré rencontrer si nombreuse compagnie. Le nombre des acteurs n'était guère inférieur à deux cents, et l'assistance se composait de plus de quatre mille personnes de tout âge et de toute nuance, depuis le blanc de crème jusqu'au bronze. Tout cela s'écrasait sur les galeries de bois vermoulu qui ornent chaque façade. J'en suis encore à me demander comment les vieilles charpentes, dont, selon toute apparence, pas une seule pièce n'avait été remplacée depuis l'époque lointaine de leur assemblage, ne s'effondraient pas sous le poids de ces grappes humaines. A chaque minute, je m'attendais à quelque catastrophe. Mais non : rien ne cédait, et les évolutions de la *corrida* allaient leur train. Il n'y avait, bien entendu, ni torero de profession ni sang versé. Tout se bornait à des feintes, à des luttes de vitesse, à des voltes hardies autour d'un animal d'humeur peu guerrière. Les écuyers qui procédaient à ces exercices, à l'occasion desquels toutes les bêtes valides : chevaux, mules et baudets, avaient été mises en réquisition, étaient parés de leurs atours les plus neufs et portaient le poncho plié sur l'épaule gauche, se déroulant presque jusqu'à terre suivant la mode andalouse. Je ne saurais dire avec quelle dextérité ils manœuvraient leurs montures; la décision, la promptitude, la grâce de leurs mouvements nullement gênés, semblait-il, par les inégalités d'un terrain qu'on ne s'était point soucié de niveler pour la circonstance. Après chaque figure, les cavaliers défilaient sous les galeries, et le plus habile recevait le prix de la main d'une jolie fille ; peu de chose, le plus souvent une fleur piquée dans un cédrat ou dans une orange ; mais le vainqueur s'en allait rouge de plaisir, aussi fier qu'un hidalgo recevant la Toison d'or. Et la pose du jeune homme arrêté sous le balcon, tête nue, debout sur les étriers, le geste et le sourire de la donzelle penchée vers lui, eussent fait la joie d'un peintre.

Le principal attrait du voyage dans cette partie des Andes, comprise entre le Pacifique et les hauts plateaux, c'est de donner, non pas seulement à l'esprit, mais aux yeux, l'impression très nette du passé. La nature est âpre, le paysage d'une tonalité neutre, les dépressions, les reliefs du sol, d'une monotone et désespérante grandeur. En revanche, chacune de ces petites villes, de ces hameaux séparés par des distances énormes, sans autres liens avec le reste du monde que les sentiers scabreux, à peine tracés, côtoyant les abîmes, a conservé dans son isolement l'esprit les mœurs, les croyances et jusqu'aux tournures de langage des aïeux. C'est la restitution d'une époque lointaine, d'un état social dont nous avons peine à distinguer le véritable caractère sous la poussière des documents historiques. S'il faut, de nos jours, pénétrer au cœur de l'Asie pour étudier sur le vif le fonctionnement du régime féodal, c'est peut-être sur le nouveau continent, dans les anciennes possessions de la couronne d'Espagne, que l'on retrouverait, sous son aspect le plus exact, un coin de l'Europe d'il y a trois cents ans. La scène à laquelle j'assistais était de celles qui se déroulaient jadis dans plus d'un bourg perdu de nos provinces, aux jours de fête : galantes passes d'armes et luttes d'adresse, l'appareil religieux sanctifiant le divertissement profane ; l'église enguirlandée associant la voix de ses cloches à la clameur joyeuse des foules ; le prêtre et le gouverneur côte à côte et, comme une ombre au tableau, les hideux échantillons de l'humanité souffrante, toute la tribu des difformes, des éclopés, des aveugles promenant d'étonnantes guenilles en implorant, sur un rythme plaintif, le saint patron de la cité.

La distance entre Contumassa et Cajamarca peut être évaluée à un peu plus de cent kilomètres en pays presque désert. On ne rencontre, sur ce long parcours, qu'un seul hameau, la Magdalena, et le tambo de *Moyopata*, où je comptais passer la nuit. Le terme de *tambo*, emprunté à l'idiome quechua, désigne une simple hutte en branchages ou en torchis. L'abri, très rudimentaire, est le plus souvent inhabité. Parfois cependant il sert de refuge aux *vaqueros* conduisant leur bétail à la côte, ou à quelque famille indienne, qui y réside le temps d'ensemencer ou de récolter aux alentours un carré de pommes de terre ou de maïs.

L'étape fut très rude. Le sentier, tour à tour plongeant au fond des gorges et escaladant les crêtes, franchit une triple chaîne. Partis de Contumassa au petit jour, nous avions cheminé dix heures avant d'arriver à l'extrémité du plateau dominant la vallée de la Magdalena, dont la brume du soir commençait à voiler les profondeurs. En face de nous se dressait le dernier rempart à gravir pour atteindre le plateau de Cajamarca. Les innombrables lacets du sentier rayaient la paroi sombre et semblaient monter à l'infini jusqu'aux étoiles. Un courant d'air frais descendait avec le crépuscule. Comme nous allions mettre pied à terre, une troupe de *tarucos*, daims des sierras, bondit d'un pli de terrain, huma la brise et s'arrêta une minute en travers du chemin, à vingt pas de nous, sans paraître se soucier de notre approche. L'ombre, à vrai dire, eût rendu un coup de fusil peu redoutable. Mais je ne crois pas que, même au grand jour, j'eusse tenté d'abattre une de ces jolies bêtes si peu défiantes.

UN MENDIANT DEVANT L'ÉGLISE (CONTUMASSA).

Le tambo était occupé par une dizaine d'individus en train d'achever leur repas du soir, accroupis autour d'un feu mourant, dans une fumée opaque. Le menu, des plus simples, se composait d'épis de maïs bouillis, assaisonnés d'une pâtée de pommes de terre froide et légèrement fermentée.

Le gîte n'avait rien d'attrayant, et je dressai ma tente à distance respectueuse. L'obscurité n'est point propice à ce genre de travail, et la tente fut plantée un peu de guingois. Mais elle était mieux close et, sans contredit, autrement confortable que la meilleure habitation à vingt lieues à la ronde. Le café pris, au moment où je m'insinuais pour la nuit dans mon sac en peau de mouton, j'eus la surprise d'une sérénade. Le son rauque d'une flûte champêtre dominait le bruit du vent, l'aboiement des chiens et les piétinements des mules à l'entrave. Mes voisins charmaient leur veillée par des variations sur la *quena*.

C'est la flûte indienne. Taillée dans un roseau, elle est ouverte aux deux extrémités, percée de cinq trous dans sa partie supérieure et d'un sixième sur le côté. Une longue pratique et une patience à toute épreuve sont requises de qui prétend tirer une note d'un semblable instrument. Encore est-il difficile de lui demander autre chose qu'une mélopée en mineur, des demi-tons langoureux. Il sert d'ordinaire à accompagner les plaintifs *yaravis*, mélodies populaires d'un tour original et naïf qui datent d'une époque très antérieure à la conquête espagnole.

Les joueurs de quena exécutent des duos qui ne manquent pas

UNE ÉGLISE DANS LA SIERRA.

d'intérêt pour qui sait y saisir, traduite sur un pauvre instrument, la mélancolie native de l'Indien. L'un des musiciens donne le thème, l'autre l'accompagnement. Étrange est l'impression produite par cette symphonie rustique, quand on l'entend le soir dans la montagne. Le grand jour ne lui sied point. C'est la mélopée de la nuit, du mystère et de la solitude.

Le crépuscule me surprit sur un col dominant la haute vallée de Cajamarca. J'avais atteint la ligne de partage des eaux, le sommet de la grande muraille qui semble défendre l'intérieur du continent, la région solennelle des forêts et des fleuves, contre la curiosité avide du pionnier européen. C'est à peine si vingt-cinq lieues à vol d'oiseau me séparaient du Pacifique, et déjà le filet d'eau qui s'échappait du sol spongieux, parmi les maigres touffes de bruyères, coulait vers l'est, dans la direction de l'Amazone et de l'Atlantique. Le lieu se nomme *El Cumbre* (la Cime), et j'en sais peu d'aussi profondément lugubres. La passe est hérissée d'aiguilles et de blocs aux formes étranges : monolithes géants, éruptions de porphyre et de trachyte fréquentes sur les croupes élevées des Cordillères, et qui dans le crépuscule figurent, démesurément agrandis, autant de monuments celtiques : des menhirs, des dolmens, les allées de pierre de Carnac prolongées à l'infini.

La chute rapide du jour ajoutait à la tristesse du site. Cependant toute trace de sentier avait disparu. Le défilé franchi, nous nous engagions sur une pente fort raide, où les bancs de roche glissante, les débris d'avalanches, les fissures résultant des infiltrations, rendaient la marche des plus scabreuses. Bientôt, l'ombre s'épaississant, la situation empira. Les bêtes bronchaient, avec des hennissements sourds et ce tremblement instinctif qui révèle au cavalier l'approche du danger. Il fallut faire halte. L'*arriero* me confia que nous étions complètement égarés, sans grand espoir de nous tirer d'affaire avant l'aube, attendu que, pour sa part, il n'était jamais venu dans ces parages, ponctuant son aveu par cette exclamation : « Chemin du diable! »

La position devenait critique, placés que nous étions entre une paroi de rocher parfaitement lisse et le vide. La corniche qui nous supportait n'avait pas deux mètres de large. Avancer était périlleux, reculer impossible, et je me résignais déjà à attendre le jour dans une immobilité rendue plus douloureuse par la fraîcheur de l'air à cette altitude de quatre mille mètres, quand mon Indien eut une inspiration géniale et, désignant l'une des mules de charge, s'écria :

— La bête sait le chemin!
— Comment cela?
— Señor, elle est déjà passée par ici, il y a deux ans, avec les *Montoneros* (rebelles).

Et, sans perdre de temps, il entreprenait, non sans peine, de mettre l'animal en tête du convoi. La mule avait servi pendant la guerre civile, il s'agissait de faire appel à ses souvenirs. La manœuvre exécutée, on se remit en route. La lune, à son premier quartier, se dérobait sous d'épaisses nuées. L'obscurité était complète, l'inclinaison du terrain telle, que j'en arrivais à redouter, à chaque seconde, un saut décisif dans le noir. Parfois, notre guide improvisé s'arrêtait haletant, soufflant avec force, tour à tour flairant le sol ou le tâtant du pied avec précaution avant de se risquer plus avant. Alors, comme un chasseur qui excite son chien sur la piste, le péon l'encourageait doucement de la voix, lui prodiguant les affectueuses épithètes : « *Mula, muletta... busca. Espina... busca, niña!...* » « Mule, petite mule... cherche, Épine... cherche, mignonne! » Et, satisfaite de son examen, relevant la tête, Épine reprenait sa marche.

Ce fut de la sorte que je pénétrai, sur le coup de minuit, dans la capitale du dernier des Incas.

Le long de ces mêmes pentes, il y a trois siècles et demi, « ce vendredi, quinzième jour de novembre de l'an mil cinq cent trente deux, à l'heure de vêpres, » dit l'historien Xerez, compagnon et secrétaire de Pizarre, une troupe de cavaliers, les premiers qui eussent encore paru sur les plateaux des Andes, descendait vers Cajamarca. Ces aventuriers achevaient la plus étonnante chevauchée dont fassent mention les annales américaines. Après avoir erré cinq mois dans le labyrinthe des sierras, ils se trouvaient en présence d'une armée prête à leur couper la retraite. Campé dans la plaine, en arrière de la ville, l'Inca Atahualpa, vainqueur de son frère Huascar, attendait, à la tête de vingt mille hommes. Les nouveaux venus, au nombre de trois cents, portaient l'étendard de Castille. Les fers de leurs chevaux, claquant sur le roc, sonnaient le glas d'un empire.

II

Cajamarca la Grande est toute petite; on en a vite fait le tour. Cette ville, où s'accomplit le plus tragique épisode de la conquête, est aujourd'hui singulièrement déchue. Quelques assises du palais de l'Inca et, à une lieue dans la plaine, où jaillissent des sources chaudes, une piscine fort bien conservée, tels sont les vestiges de sa splendeur passée. L'œuvre de destruction, ou plutôt de transformation, a été poursuivie en conscience. Les décombres de la cité indienne servirent à édifier la ville moderne, les massives résidences aux portails bardés de fer, capables de soutenir un siège en règle, et une cathédrale par malheur inachevée. Malgré tout, l'œuvre demeurée à l'état d'ébauche produit cette impression maussade des ruines qu'une longue suite de siècles n'a point consacrées.

Le nom même de la ville ne prévient guère en sa faveur. *Cajamarca* signifie exactement, en *quechua,* « plaine des frimas. » Le terme est trop rigoureux. En réalité cette haute vallée, pareille au lit desséché d'un grand lac, est tellement abritée par les montagnes, que le climat est d'une douceur bien rare à une altitude de près de trois mille mètres (1). Le sol, d'une fécondité extrême, se prêterait à toutes les cultures d'Europe. La vérité est que l'esprit d'entreprise fait absolument défaut. Les trois ou quatre mille habitants disséminés dans la région se contentent de cultiver, pour leur subsistance, un peu de maïs, de pommes de terre et, dans les parties basses, quelques plants de *yucca,* cette variété du manioc

(1) Position géographique : 7° 9′ 31″ lat. S. — 80° 49′ long. O. — Altitude mesurée de la Plaza Mayor : 2,736 mètres.

qui, pour l'Indien de la Cordillère péruvienne, est la base de l'alimentation. Et pourtant, avec des voies de communication moins rudimentaires, une colonie plus dense et surtout plus active, ces plateaux de la Sierra devraient être autant de greniers d'abondance où s'approvisionneraient toutes les villes du littoral, aujourd'hui encore réduites à faire venir les céréales du Chili, de la République Argentine ou même des États-Unis.

A peine arrivais-je à Cajamarca, que la reussite de mon voyage me parut fort compromise. Je trouvais la population inquiète, agitée, sous le coup de rumeurs menaçantes. De graves événements s'accomplissaient sur la rive droite du Marañon, distant seulement d'une quinzaine de lieues. On sait que le fleuve, sorti de la *Laguna de Lauricocha,* suit, pendant la première partie de son cours, une direction parallèle à la côte, après quoi il s'infléchit brusquement vers l'est et s'ouvre un passage à travers les Andes, au défilé ou *pongo* de Manseriche. La vallée supérieure, profondément encaissée, sépare la Cordillère maritime des sommets abrupts de la chaîne centrale. C'est une sorte de fossé coupant toutes les routes qui, du 10ᵉ degré de latitude sud au 5ᵉ, se dirigent du Pacifique vers l'intérieur. Force est donc de le franchir pour qui prétend gagner le versant oriental par la voie la plus directe. Le chemin, très accidenté et, par endroits, extrêmement pénible, avant d'atteindre un des principaux tributaires du Marañon, le rio Huallaga, et l'immense territoire limitrophe du Brésil connu sous le nom de Département fluvial de Loreto, traverse l'âpre et montagneuse province d'*Amazonas*.

Une insurrection venait d'éclater de ce côté. Un aventurier, nommé Justo Villacorta, s'était emparé du pouvoir. Maître du chef-lieu, Chachapoyas, à la suite d'un hardi coup de main, il jouissait, auprès des indigènes, d'une popularité redoutable. A sa voix, les villages indiens se soulevaient, proclamaient l'indépendance, chassaient les représentants plus ou moins réguliers de l'autorité et, qui pis est, dans l'excès de leur zèle, massacraient ceux qui n'avaient pu fuir assez vite. Les bandes insurgées qui occupaient la rive droite du Marañon en défendaient rigoureusement les approches. Pour plus de sûreté, elles avaient détruit les *balsas,* petits radeaux servant à effectuer le passage, et toute communication d'un bord à l'autre était désormais impraticable. Des origines du soulèvement, des griefs invoqués par les mutins, on savait fort peu de chose. Les conséquences de la révolte et sa durée étaient non moins difficiles à prévoir. Questions oiseuses au demeurant. L'orage avait éclaté : il s'agissait moins d'en rechercher les causes que d'en esquiver les effets.

La physionomie de la ville témoigne de ses destinées tourmentées. Cajamarca sent la poudre. Il est peu d'endroits où les traces des luttes de partis restent aussi visibles. La plupart des façades, trouées par les balles, ressemblent à des visages marqués de la petite vérole. Pas une muraille qui ne soit criblée.

Si, lors de mon arrivée à Cajamarca, quelque âme charitable m'eût prédit que j'y séjournerais près d'un mois, je me fusse récrié. Et cependant ces longues journées se sont écoulées, je ne dirai pas le plus agréablement du monde, mais sans trop de peine. J'avais établi mon quartier général dans la maison d'un estimable marchand, Don José Yberico, dont l'affectueuse prévenance eût suffi à me faire trouver les heures brèves. Au bout de deux jours, il me semblait que j'étais de la famille, et, de fait, chacun, dans ce patriarcal logis, n'aurait pas témoigné plus d'intérêt à un ami d'enfance, à un parent dont la visite eût été depuis longtemps désirée. Aujourd'hui même, après tant de chemin parcouru sous des climats divers, de retour dans cette France que, plus d'une fois, j'ai cru ne pas revoir, je songe souvent à ces braves cœurs. Ma pensée vagabonde par delà les mers, les fleuves, les forêts chaudes encombrées de lianes, jusqu'aux frais plateaux des sierras, onduleux comme l'Océan, bleus comme lui quand vient le soir. Elle m'emporte auprès d'amis dont la main, selon toute apparence, ne rencontrera plus la mienne, qui peut-être n'ont jamais reçu mes lettres et ne savent si je suis encore au nombre des vivants.

INDIENNES ET MÉTISSES.

Je pense enfin aux compatriotes qu'à mon indicible stupéfaction j'ai trouvés sur ces hauteurs. Ils étaient cinq que le hasard avait réunis sur ce point du globe. Qui donc a prétendu que le Français ne s'expatriait point? Tous offraient un exemple frappant de l'énergie et de la ténacité de notre race dans les circonstances moins propices, aux prises avec les difficultés d'une existence aventureuse, la maladie et la détresse endurées sur un continent lointain. Ils y étaient fixés depuis plusieurs années et, la révolution aidant, avaient traversé bien des épreuves sans rien perdre de leur belle humeur et de leur confiance en l'avenir. Celui-ci, venu de Lima avec une modeste pacotille, avait, par des miracles d'épargne, acquis pignon sur rue, hacienda dans la plaine. Celui-là se révélait mécanicien habile, menuisier consommé. Le doyen de la bande était... photographe!

La surprise de ce petit monde, en m'apercevant, fut aussi vive que la mienne. Mais, le premier étonnement passé, ce fut à qui ferait fête au compatriote tombé des nues. De ma vie je n'oublierai mon séjour à Cajamarca. Ces trois semaines m'ont été plus utiles que plusieurs mois de voyage pour apprécier la terre péruvienne, le caractère de son peuple, le coup de théâtre de la conquête.

Jamais horizon ne fut mieux fait pour encadrer une épopée. La scène vide, les acteurs disparus, le décor, à lui seul, explique le drame qui se joua dans ce cirque de montagnes, il y a trois siècles.

Les esprits les moins prévenus se représentent, en général, sous des couleurs beaucoup trop sombres la situation de l'Amérique aux mains des Espagnols. On a flétri en phrases enflammées la barbarie du conquistador, qualifié sa conduite à l'égard du souverain indigène de lâche guet-apens froidement prémédité. Sans prétendre plaider à nouveau une cause si vieille, je me permettrai d'insinuer qu'on est peut-être un peu dur pour ce pauvre Pizarre et ses compagnons. Songez à la situation critique de cette poignée d'hommes qu'une témérité folle avait entraînés si loin de la mer. Devant eux, inopinément révélée, couronnant toutes les cimes et se déployant dans la plaine, une armée surexcitée par de récentes victoires; en arrière, les cols escarpés, les profonds défilés qu'ils ont mis tant de jours à franchir, où la retraite se changerait en désastre. Le salut dépend d'un dernier coup d'audace, d'une manœuvre rapide exécutée avec l'emportement du désespoir.

Les récits du temps, la chronique naïve griffonnée entre deux combats par les Xerez, les Herrera, les Cieza de Leon, nous disent les angoisses de la petite troupe aux approches de la nuit, le conseil tenu par les chefs, les longueurs de cette veillée des armes durant laquelle les plus endurcis balbutiaient leurs prières; puis, aux premières lueurs de l'aube, Vicente de Valverde, le moine farouche, récitant devant la soldatesque à genoux, le psaume : « *Exurge, Domine.* »

Le jour est venu, l'Inca s'avance vers les envahisseurs, avec une escorte imposante, dans tout l'éclat de sa puissance hiératique et guerrière. C'est l'être sacré, le fils du Soleil, dont, à n'en pas douter, la seule apparition va frapper de terreur et renverser de leurs montures ces étrangers qui viennent le braver, portés par des monstres inconnus. Une minute d'hésitation, et les aventuriers sont perdus. Le premier moment de surprise passé, la foule indienne les enveloppera menaçante ; malgré leur valeur et la supériorité de leurs armes, ils succomberont infailliblement sous le nombre, écrasés presque sans combat. Quel parti prendre? L'offensive ; courir sus au monarque, s'en emparer mort ou vif, montrer à ses adorateurs effarés le demi-dieu terrassé, captif, aussi peu redoutable que le dernier des mortels. Le signal est donné : la petite troupe s'élance au galop, les cavaliers, debout sur les étriers, au cri de : « Saint-Jacques !... Espagne !... » Les Indiens stupéfaits perdent contenance, se débandent, tandis que Pizarre rejoint Atahualpa et, le saisissant par le bras, le jette à bas de sa litière. L'escorte royale s'est enfuie ; la panique a gagné le reste de l'armée, qui, le soir même, lève le camp et bat en retraite vers le nord. Le charme est rompu ; l'Inca n'a plus au front d'autre auréole que celle du malheur. Avec lui disparaît l'empire. L'agresseur a visé à la tête, et, du coup, ce puissant organisme a vécu.

Les scènes qui suivirent sont connues de tous. La captivité d'Atahualpa, la rançon offerte et en partie payée, l'embarras des vainqueurs à l'endroit du prisonnier dont la présence prolongée les exposait à un retour offensif des Indiens anxieux de délivrer leur maître, les discussions entre les chefs au sujet de la conduite à tenir, enfin le simulacre de jugement et le supplice de l'Inca, tout cela est du domaine de l'histoire, qui a justement flétri le forfait. A Dieu ne plaise que je m'élève contre son verdict. Tout au plus hasarderai-je une remarque. Dans les jugements que nous portons sur ces époques reculées, il nous arrive souvent, et de la meilleure foi du monde, de dépasser la mesure. Il faudrait, pour apprécier équitablement le passé, dépouiller l'homme moderne, les scrupules, les délicatesses, les répugnances qu'a fait naître en nous l'adoucissement des mœurs, ne pas appliquer aux gens du seizième siècle la loi morale du dix-neuvième, et cesser de se voiler la face au récit d'attentats perpétrés dans un temps où nulle part on ne professait un respect exagéré de la vie humaine. L'histoire étudiée, vécue, pour ainsi dire, aux endroits mêmes où les faits se sont accomplis s'éclaire d'un jour inattendu. Le paysage nous familiarise avec les êtres qui l'animèrent jadis ; il nous révèle leurs impressions, leurs craintes, leurs doutes, les mobiles d'actes en apparence injustifiables. A considérer ainsi les événements rétablis dans leur cadre, débarrassés des commentaires et de la légende, de ce vernis dont les ont surchargés tour à tour les préjugés, la passion et je ne sais quel sentimentalisme vague, peut-être découvrirait-on, dans plus d'un sanglant épisode, autre chose que férocité inconsciente ou fanatisme imbécile.

Cette méthode, pour peu qu'on la suivît en examinant l'expansion coloniale de l'Espagne au seizième et au dix-septième siècle, nous ferait toucher du doigt bien des erreurs accréditées comme paroles d'Évangile. Qui sait même si le résultat ne serait point la réhabilitation partielle d'une époque jusqu'ici méconnue, faute d'avoir été observée autrement qu'à la surface? Il y aurait un volume à écrire pour faire justice des idées préconçues, des opinions de pure fantaisie répandues à ce sujet, notamment dans la société hispano-américaine.

**

Voici ma vie. Dès le petit jour, je monte à cheval et me dirige vers les sources chaudes surnommées aujourd'hui encore le « Bain de l'Inca ». Elles sont situées à une demi-heure de la ville, au pied des collines de Pultamarca. On les reconnaît de loin aux spirales de vapeur qui s'échappent de leurs orifices et, sous l'air frais du matin, se brisent en une multitude de petites nuées légères comme un vol de cygnes. Leur température s'élève à 55°,2. Des trois piscines couvertes où les eaux se reposent après un parcours de quelques centaines de mètres dans la prairie, une seule, appelée *el Tragadero*, est de construction ancienne. Le bain, sous le rayon doucement tamisé qui tombe des

INDIEN DE LA CORDILLÈRE EN TENUE DE FÊTE.

étroits soupiraux, est délicieux et m'a rappelé l'exquise *Source bleue* de Puebla, au Mexique, moins l'affluence des baigneurs. Je crois avoir été, un mois durant, le seul habitué de l'établissement. La surveillance en est confiée à un indigène dont les aïeux appartenaient peut-être à la cour défunte. Tout ce que je puis dire, c'est que ce fonctionnaire avait l'air peu prestigieux : une garde-robe plus que sommaire et les mains sales. La population indienne — c'est un fait que je constate et non un regret que j'exprime — ne choisit plus ce lieu pour procéder à ses ablutions. Une sorte de crainte superstitieuse lui fait attribuer à cette onde bienfaisante des propriétés funestes, telles que celle de provoquer par tout le corps des éruptions ou des ulcères. Elle n'est pas éloignée de croire que les vapeurs traînant sur les rives sont vomies par

LA MAISON DE L'INCA.

quelque démon souterrain, à tel point que, lors des grandes fêtes, de pieuses personnes se font un devoir de venir en procession jeter dans cette chaudière de Satan quelques gouttes d'eau bénite. Ces frayeurs puériles n'empêchent pas que l'on n'utilise le ruisseau brûlant pour certains usages domestiques : pour lessiver les hardes, blanchir les nattes, dégraisser des laines, échauder la volaille avant de la plumer. S'agit-il de saigner un porc? L'opération s'accomplira au bord du courant sulfureux, où la victime, amarrée au bout d'une corde, mijotera pendant des heures.

Tel est le bain d'Atahualpa. Le prince résidait à Cajamarca. De son palais, qui devait couvrir un espace de terrain considérable, il subsiste fort peu de chose.

A l'entrée de la ville, le sentier conduisant aux sources côtoie, pendant une centaine de mètres, une enceinte de terre battue, en partie ruinée, qui contourne la base d'une éminence rocheuse. Au sommet de ce monticule, se dresse, sur des affleurements de porphyre, une portion de terrasse d'un bel appareil dont les blocs énormes paraissent avoir été posés à cru. La construction ne présente aucune trace de ciment; néanmoins, telle est la précision de la taille et la régularité des assises, qu'il est malaisé, à première vue, de discerner les joints. C'est un vrai travail de bijouterie. Sur cette base indestructible s'appuie aujourd'hui le fragile assemblage d'une case indienne en torchis, coiffée de chaume.

Dans l'unique chambre du logis, où le jour ne pénètre que par la porte étroite et basse, la défroque du paysan occupe la place du mobilier impérial. Des guenilles traînent sur des perches. A terre sont alignés les ustensiles de ménage, toute la richesse de la famille, les *ollas* au large ventre, où l'eau se conserve fraîche, les jarres de *chicha*, les sacs en poil de chèvre pleins de fèves et de maïs. Dans un angle, au-dessous d'une croix en paille tressée, clouée au mur, quatre piquets fichés dans le sol supportent un lit grossier. Près du seuil est accrochée la tenue de voyage : la calotte en laine épaisse, le poncho tissé par la femme, les sandales en peau de llama et l'inévitable *chuspa*, la pochette de cuir bourrée de feuilles de coca. Pareil à une toile d'araignée géante, un vieux hamac en fibres d'aloès est tendu en travers de la pièce. La demeure isolée, silencieuse, séduirait un anachorète. Sur la muraille cyclopéenne, l'ombre grêle d'un bouquet de *lambras,* bouleaux des Andes, jette le voile de deuil qui sied à la majesté tombée.

Un peu plus loin, quelques vestiges de maçonnerie, datant de la *Casa de Cabildo* (maison commune) et de la geôle. Une salle basse, qui sert actuellement de corps de garde, couvre, dit-on, l'emplacement exact de la pièce où l'Inca emprisonné s'était engagé à amonceler de l'or jusqu'à hauteur d'homme, en échange de sa liberté. Dans ce cachot, une demi-douzaine de soldats à qui les revues de linge et chaussures doivent être choses inconnues dorment, fument ou font leur cuisine. L'un d'eux m'a désigné, sans hésiter, le lieu du supplice et, sur la dalle, une traînée rougeâtre, la tache de sang royal que rien ne peut effacer. Malheureusement pour cette légende accréditée dans le peuple comme un article de foi, la vérité est que le dernier Inca périt non point décapité, mais étranglé. Le crime, d'après les récits des témoins oculaires, fut consommé en pleine place publique, au grand jour, à deux pas de l'endroit où s'élève aujourd'hui la chapelle des Franciscains, sur ce morceau de terrain en pente, envahi par l'herbe, dont les Indiennes du marché ont fait choix pour dresser leurs pauvres étalages : harnachements de mules, paniers, rouleaux de corde en fils d'agave, poteries de forme antique.

Le 8 juillet, de grand matin, je disais adieu à Cajamarca.

Quel que fût mon désir de me soustraire aux manifestations suprêmes de l'hospitalité andine et de prendre congé sans tapage, comme il sied lorsqu'on a tant de motifs de ne pas escompter d'avance le succès, je n'avais pu esquiver le cérémonial accoutumé du départ. Il ne faisait pas encore jour, que des pas de chevaux et des éclats de voix retentissaient devant la porte. Tous les gens que j'avais connus ou seulement entrevus pendant les semaines précédentes s'étaient réunis pour me faire, suivant l'usage, la conduite jusqu'à une ou deux lieues de la ville. Au premier rang, ceux à qui leur âge ou l'expérience des longs voyages à l'intérieur donnait le droit d'intervenir avec une autorité indiscutée surveillaient mes hommes occupés à charger les mules. Massée dans l'ombre, en arrière, stationnait une plèbe curieuse et sympathique.

Je venais de me mettre en selle, quand une petite Indienne, une fillette de douze ans, se faufilant comme un lézard à travers les cavaliers, sans se soucier des piaffements et des ruades, accourut tout essoufflée. C'était une des *criadas* de la maison Villacorta m'apportant les souhaits de sa maîtresse. Son visage arrivait à peine jusqu'à l'épaule du cheval, et je n'en distinguais que les grands yeux luisants comme des braises. Cramponnée à l'étrier, la *lettre vivante* débitait son boniment d'une voix flûtée :

« Voici ce qu'a dit la señorita. J'envoie mes vœux au voyageur français. Avant de passer le fleuve et de marcher à l'orient, qu'il se souvienne de mes paroles. Les *Montoneros* sont mauvais; les chefs sont loin. Qu'il agisse avec prudence et que Dieu l'assiste!

— Merci, chola. Je baise les mains de la señorita et lui rends grâce de sa sollicitude. Prends pour toi cette médaille sur laquelle est gravée l'image de la patronne du Pérou. Conserve-la précieusement, et que Santa Rosa te protège! »

L'enfant saisit la piécette qu'elle porta à ses lèvres et s'en alla ravie.

Nous voici hors de la ville, traversant la plaine au galop. Mes péons et les mules ont pris les devants et gravissent déjà les premières pentes. Mon escorte ne devait consentir à tourner bride qu'une heure plus tard, quand nous eûmes atteint la lisière du plateau. Une dernière accolade, et l'on se séparait pour ne jamais se revoir. La petite troupe disparut derrière un pli de terrain, tandis que je poursuivais ma route vers l'inconnu.

Le bassin verdoyant de Cajamarca, les crêtes mêmes du vaste

cirque s'étaient depuis longtemps enfoncés sous l'horizon; la journée touchait à sa fin, et je reconnaissais encore l'emplacement de la cité d'Atahualpa au panache de vapeur montant des piscines de l'Inca vers le ciel immaculé.

III

La contrée que l'on traverse, au sortir de Cajamarca, est à peu près déserte. Pendant deux journées de marche, sur une distance de près de vingt lieues, je n'ai rencontré que trois habitations : les haciendas de Yanacancha, Chanta et Llaucan, bâtisses sombres, moitié fermes, moitié donjons, perdues dans l'immensité des pâturages. La première, où je passai la nuit, était occupée par un *vaquero* taillé en athlète, aux traits farouches, veillant seul sur le troupeau rassemblé dans le *corral*, en homme décidé à repousser, avec une vigueur égale, les attaques du puma, le grand félin des Cordillères, ou les entreprises de l'Indien rôdeur. Désireux de reconnaître son hospitalité par l'offre de quelques babioles, comme je lui demandais de choisir, dans ma pacotille, l'objet qui pouvait lui plaire, il me fit la réponse de l'enfant grec :

LA DESCENTE.

« Je veux de la poudre et des balles! »

Le 7, vers midi, j'étais au village de Bambamarca, planté comme une redoute sur un promontoire escarpé, au sortir d'un étroit défilé. Tout dormait sous l'accablante chaleur que la réverbération rendait plus intense. Sous leur chaume envahi par l'herbe, les cases de terre battue semblaient autant de casemates. Mes péons, en quête de luzerne pour les bêtes, m'avaient quitté depuis un quart d'heure : campé au centre de la place, dans le silence inquiétant des maisons closes, je commençais à trouver le temps long, lorsque des portes s'entr'ouvrirent, des têtes se penchèrent au dehors, et bientôt les habitants des deux sexes, après s'être assurés que l'étranger qui troublait leur sieste ne paraissait pas animé d'intentions mauvaises, accoururent former le cercle autour de moi avec l'empressement d'une assemblée foraine attendant la parade du bateleur. Sur ces entrefaites, deux hommes, deux blancs, s'avancèrent et, d'un geste impérieux, firent reculer les spectateurs. L'un d'eux, malgré son accoutrement local, son large feutre et son ample poncho en poil de chèvre, n'était certainement pas du pays. Sa barbe blonde, ses yeux bleus dénotaient l'Anglo-Saxon, le *settler* nord-américain. Son compagnon en revanche incarnait le type le plus accompli de l'hidalgo péruvien, chez qui la rude existence de la montagne, les promiscuités de la vie indienne ne parviennent pas à effacer les qualités de race. Ce dernier, sans

HABITATIONS INDIENNES.

autre préambule, mais du ton le plus affable, me demanda qui j'étais, d'où je venais, où j'allais.

« *De donde viene?... Adonde va?...* » La formule, qui paraîtrait ailleurs d'un laconisme un peu brutal, est ici d'un usage courant et ne procède point, comme on pourrait le croire, d'un manque de savoir-vivre. Elle n'est pas dictée par un vulgaire sentiment de curiosité, mais, dans la plupart des cas, par le désir de rendre service. C'est affaire de courtoisie. On s'enquiert, auprès du voyageur, de l'itinéraire qu'il compte suivre pour être à même de lui fournir quelque renseignement utile et, au besoin, le garder d'un mauvais pas.

Sur ma réponse, mon interlocuteur s'écriait : « Caballero, c'est le ciel qui permet que je me trouve sur votre route! Si vous continuez dans cette direction, avant trois jours vous serez un homme mort! »

Un pareil avis, donné sur ce ton d'assurance, a de quoi faire réfléchir, alors même qu'il émane d'un inconnu dont l'intervention soudaine peut sembler étrange. Notre homme d'ailleurs appuyait son dire par force détails précis : l'insurrection s'était rapidement étendue aux provinces du nord, les Indiens soulevés venaient d'envahir celle de Bongara, dont ils avaient brûlé le chef-lieu, le village de San Carlos, qui se trouvait précisément sur ma route. J'allais tomber entre leurs mains, et le fait même de tenter le passage par une voie détournée me rendrait doublement suspect à ces misérables. Le plus sage était de ne point chercher à biaiser et d'aborder de front l'ennemi, en m'efforçant de faire reconnaître mon caractère absolument neutre de voyageur et d'étranger.

La chose, poursuivait-il, n'avait rien d'impossible, si je consentais à le suivre à son hacienda, située à deux jours de là, en vue du Marañon. Sur la rive opposée se trouvait une habitation actuellement au pouvoir des Indiens, mais dont le propriétaire, le señor José Maria Anduaga, avait embrassé le parti de la révolte afin de sauvegarder sa personne et ses biens. On le reconnaissait pour chef dans toute cette portion de la vallée. Nous trouverions moyen de communiquer avec lui, et nul doute qu'il ne consentît à me faire continuer mon voyage sous l'égide même des rebelles. « Mon nom, conclut l'orateur, est Juan Pio Burga, et je serai heureux de vous venir en aide. »

L'offre, en dépit de sa brusquerie, était bien en rapport avec les traditions si hospitalières de ces contrées. Elle était formulée sur un ton de franchise indéniable. Cependant, j'hésitais à répondre, lorsque l'autre individu, l'homme à la barbe blonde, m'adressa la parole en anglais.

Il devinait mes craintes. Elles n'avaient rien que de fort naturel. Tout autre, à ma place, se fût demandé de même s'il convenait d'ajouter foi aux allégations du premier venu. Mais, entre Européens que le hasard du voyage réunissait sur un continent lointain, on se devait secours et protection. Pas plus que moi, il n'était du pays, bien qu'il y résidât depuis près de vingt ans. On le nommait Martin Asteker ; il était d'origine allemande et avait longtemps vécu aux États-Unis avant de venir tenter la fortune au Pérou. Il possédait des terres dans la province d'Amazonas, mais jugeait prudent de battre en retraite pour éviter de se compromettre dans le mouvement insurrectionnel. C'était grâce au dévouement de son ami Pio Burga qu'il avait réussi à se mettre en lieu sûr. Don Juan ferait pour moi ce qu'il avait fait pour lui, et je pouvais me fier à sa parole.

Il faut croire qu'il y a quelque chose de communicatif dans l'accent d'un honnête homme. Ce *speech* acheva de dissiper mes doutes, et je suivis mon guide improvisé.

Le lendemain, de bonne heure, nous quittions Bambamarca,

non sans avoir été retardés, au dernier moment, par la visite intéressée d'une multitude de braves gens qui venaient solliciter un avis sur les sujets les plus divers. J'assistai à une de ces scènes qui, par la suite, me sont devenues familières, où l'homme blanc doit se résoudre à jouer, bon gré, mal gré, un rôle auquel souvent ses antécédents l'ont très insuffisamment préparé. Il est, aux yeux de l'indigène, le docteur des docteurs, le médecin par excellence, et, à ce titre, ne peut décemment refuser ses services sous peine de perdre aussitôt tout prestige. Mon compagnon se tirait d'affaire par quelques bonnes paroles, des prescriptions banales délivrées de l'air le plus sérieux, et le client partait réconforté. Le plus tenace fut une vieille femme d'un âge indevinable. Elle se plaignait de ses yeux qui faiblissaient, sans qu'il lui fût possible, disait-elle, d'en soupçonner la cause. La seule réponse à faire à l'aïeule, c'est qu'il y a, non pas une, mais près de cent raisons pour que sa vue ne soit plus très nette; mais ce n'est pas cela qu'elle attend : il faut trouver autre chose. L'hacendado entreprend de lui détailler une recette assez compliquée, où je démêle qu'il est question d'une potion et d'une friction : dans l'une et l'autre, la base de la formule est l'alcool de canne, et je ne puis m'empêcher de penser que le médicament tient plutôt du grog que du collyre. Au moins, pour le présent, la patiente est satisfaite. L'avenir appartient à Dieu.

Cette consultation expédiée, on se met en route. L'étape est d'environ vingt lieues sans rencontrer un être humain. Les seuls habitants de cette partie des plateaux sont l'*atoc*, ou renard des sierras, et une espèce de perdrix que les Indiens appellent *yutu*, assez semblable à la perdrix huppée de Californie. Ce gibier, très délicat, abonde. Plusieurs fois dans la même heure, ces oiseaux partaient devant nous par centaines. De loin en loin, dans un pli de terrain, apparaissait un petit lac aux eaux sombres, où s'ébattaient de nombreuses familles de *huachuas*, remarquable espèce d'oie sauvage au corps d'un blanc de neige, aux ailes nuancées de vert et de lilas. Nulle autre manifestation de la vie sur ces admirables pelouses naturelles, qui pourraient nourrir d'immenses troupeaux.

Le soir du deuxième jour, nous avions atteint le bord de l'escarpement qui domine la vallée du Marañon. Dirais-je vallée? Couloir, fissure serait plus exact. On croirait que le massif andin a été fendu d'un coup de hache, et, à une profondeur de plus de deux mille mètres, le fleuve serpente entre des parois presque verticales. Le voici donc, le Rio mar, le « fleuve-mer ». C'est l'enfant qui vient de naître : vu de si haut, son lit tourmenté n'est qu'un ruban couleur de cendre. Mais l'encadrement est colossal. En face de nous, s'arrondissaient les croupes géantes des montagnes d'*Amazonas*, de la teinte des pâturages alpestres, verdure si pâle qu'elle se confond à l'horizon avec le bleu du ciel. Le soleil couchant jetait sur cette tempête de cimes et de précipices des lueurs d'incendie.

Il est des émotions dont on ne saurait se défendre, qui se font plus rares à mesure qu'on avance dans la vie. Nul n'oubliera la sensation qu'il a éprouvée en apercevant, pour la première fois, un des grands spectacles de la nature : l'Océan, le désert, les neiges éternelles. J'ai retrouvé cette impression profonde en face du Marañon. L'imagination, sans doute, en fait les frais ; car le paysage, d'une grandeur trop austère et farouche, n'est pas de ceux qui captivent. Mais comment ne pas demeurer un instant rêveur devant ce cours d'eau, origine du plus grand fleuve du monde ? Que de chemin il lui reste à parcourir avant de se perdre dans l'Atlantique ! Près de trois mille lieues à travers les défilés sombres, les archipels verdoyants, les forêts inexplorées. Il va recevoir les eaux d'un bassin presque aussi vaste que l'Europe ; les bâtiments pourront le remonter jusqu'aux Andes, et suivre ses affluents pendant des mois. C'est la Méditerranée de l'Amérique latine.

UN CRIADO.

Un étroit sentier, taillé tour à tour dans la roche vive et dans les éboulis, conduit à l'hacienda de Ranbran, située à égale distance du plateau et de la vallée, sur un étroit palier, comme suspendue au-dessus de l'abîme. C'est une hacienda de montagne, une suite de constructions n'ayant qu'un rez-de-chaussée, aux murs en pisé, disposées en polygone autour d'une aire mal nivelée, où circulent pêle-mêle chevaux et mules, porcs et poules. Un bâtiment de dimensions plus vastes que ses voisins sert tout à la fois de magasin, de hangar et de chapelle : il renferme les harnachements, les jarres d'eau-de-vie ou de mélasse et l'image grossière du saint protecteur de la maison. Au centre de l'enceinte s'élève un échafaudage bizarre : une demi-douzaine de pieux enfoncés dans le sol supportent une plate-forme à claire-voie faite de perches entre-croisées. Cette sorte de gril est destiné à recevoir la chair des animaux abattus, découpée en lanières et saupoudrée de sel. Après deux ou trois jours d'exposition au soleil, la viande, réduite à l'état de copeaux, est enfermée dans des sacs de cuir, où elle se conserve pendant plusieurs mois. C'est ce que l'on nomme le *charqui*, aliment dépourvu de toute saveur et d'apparence rien moins qu'appétissante, mais d'un grand secours dans les longs voyages à travers les Cordillères. Éparpillées sur les pentes environnantes, les cabanes des péons, pétries de glaise et de gazon, dressent leurs toits de palmes à distance respectueuse de l'habitation du maître.

L'exploitation comprend l'élève du bétail, mais surtout, dans les bas-fonds abrités du vent, la culture de la canne et du maïs.

CACTUS-CIERGE DE LA CORDILLÈRE.

Outre l'eau-de-vie, le principal article exporté par cette catégorie d'haciendas est la *chicha*, la boisson nationale, dont on fait une consommation prodigieuse, non seulement dans les villages de la Sierra, mais aussi sur la côte (1).

(1) Cette boisson se prépare de la manière suivante :
Après avoir laissé tremper le maïs pendant deux jours dans la même eau, le placer dans une grande terrine dont l'intérieur aura été au préalable tapissé de larges feuilles. Recouvrir également de feuillage l'orifice du récipient. Le grain doit y séjourner jusqu'à ce qu'il commence à germer, c'est-à-dire une semaine environ, après quoi on l'étend au soleil pour le faire sécher. Le *malt* ainsi obtenu se nomme, suivant les localités, *guiñapo* ou *jora*. On le broie, puis on le fait bouillir longtemps en employant à peu près vingt-cinq kilogrammes de malt par cent litres d'eau. Passer ensuite à travers une grosse toile et ajouter dix ou quinze kilogrammes de mélasse. Laisser fermenter pendant un

Il n'est guère d'existence plus rude que celle d'un hacendado dans cette contrée perdue. Séparé, durant la majeure partie de l'année, de sa famille qui habite la petite ville, à quatre jours de là, il vit au milieu de ses péons, sans autre distraction que la chasse et, à de rares intervalles, la visite d'un voyageur ou d'un voisin. L'expression, par parenthèse, n'a ici qu'une valeur très relative : les distances sont telles que deux amis, n'ayant à faire, pour se voir, qu'une course de cinq ou six heures à cheval, peuvent se dire porte à porte. Le logement du propriétaire est à peine plus luxueux que les demeures de la valetaille disséminées aux alentours; l'ordinaire, à peu de chose près, le même pour le maître et les serviteurs : viande séchée, racine de *yucca* bouillie ou cuite sous la cendre, maïs grillé. Comme boisson, l'eau claire et la *chicha* : par-ci par-là, une *copita d'aguardiente*, quelques gorgées de cet alcool de canne qui justifie pleinement son nom « d'eau de feu », ce sera l'unique extra, la seule infraction à un régime dont l'austère uniformité rebuterait le plus humble habitant de nos campagnes.

Je passai à l'hacienda la journée du 12, qui était un dimanche. Le paysan de la Cordillère, rigoureux observateur, je ne dirai pas du repos, mais du plaisir dominical, s'en donne ce jour-là à cœur joie. Le divertissement débute, ainsi qu'il convient, par un hommage rendu au saint commis à la garde de l'habitation et de ses dépendances. On se rend au hangar qui tient lieu de chapelle, et l'image vénérée, hissée sur un brancard, est promenée autour de la cour intérieure. Le chef des péons ouvre la marche, agitant une clochette ou frappant l'une contre l'autre deux rondelles de bois. A ses côtés, deux assistants portent, à défaut de bannières, de longues baguettes flexibles et s'arrêtent tous les dix pas pour les incliner, avec une révérence, du côté du saint. Celui-ci est représenté par une figure informe taillée dans un tronc noueux, ou par un mannequin drapé de guenilles multicolores, le chef ceint d'une auréole en carton ou d'une couronne de fleurs sauvages.

La procession fait deux ou trois fois le tour de l'enclos, après quoi la statuette est replacée dans sa niche; le sanctuaire est fermé et le reste de la journée consacré aux réjouissances profanes, aux chants, aux danses, aux travestissements. Les enfants et les femmes prennent plaisir à s'appliquer sur le visage des

---

temps qui varie d'un à huit jours, suivant la température. La *chicha* peut se conserver plusieurs mois, au besoin plus d'un an, si l'on prend soin de la tenir complètement à l'abri de l'air et de la lumière. Les Indiens, à cet effet, enterrent leurs jarres et battent le sol avec des pierres... ou en dansant.

La recette indigène m'a paru mériter d'être reproduite, car le breuvage est délicieux : sa saveur, lorsqu'il est frais, rappelle, à s'y méprendre, celle du meilleur cidre. (M. M.)

masques extraordinaires découpés dans un morceau d'écorce ou
de cuir ou dans une calebasse, tandis qu'un orchestre discordant,
composé d'une *marimba* (embryon de harpe), d'une *caja* (tambour
plat) et d'une *zampoña* (flûte de Pan), donne le branle aux dan-
seurs. Parfois, pendant que ces derniers reprennent haleine, les
musiciens, au lieu de s'arrêter, jouent en sourdine, ralentissant la
mesure, et l'un d'eux entonne d'une voix de tête plaintive, surai-
guë, quelque improvisation baroque, où l'espagnol et le quechua,
combinés à doses égales, produisent la cacophonie la plus inat-
tendue. Tel le couplet suivant à l'adresse d'une beauté timide :

> *Imaïna manchachicui*
> Mi corazon en tu poder?
> *Manarac médiorapi*
> Yo t'enseñar a querer!

« Pourquoi faire l'effrayée, puisque tu tiens mon cœur en ton
pouvoir ?... En peu de temps, en moins d'une heure, je t'appren-
drai à aimer ! »

Des libations copieuses accompagnent la petite fête, qui ne
prend fin qu'à la nuit close. Elle a pour épilogue une seconde
visite à la chapelle et une réapparition du saint promené une dernière fois de porte en porte, à la lueur des lanternes et de tisons
incandescents. Le cortège procède en moins bon ordre que dans
la matinée, les porteurs faisant décrire à l'auguste effigie des
zigzags inquiétants. Devant le logis du maître, on fait halte. Le
chef de file, le péon à la clochette, flanqué de ses deux huissiers
à verge, s'avance jusqu'à deux pas de l'hacendado et de son hôte
en train de prendre le frais sur le seuil, et tous trois s'inclinent
profondément. Puis, chacun rentre chez soi, le saint dans son
réduit, la domesticité dans ses cases. L'hacienda s'endort : on ne
perçoit plus d'autre bruit que l'ébrouement des mules parquées
au corral, l'appel pleurard d'un chien aboyant à la lune et la
rumeur du fleuve qui roule au fond des gorges, répercutée de
cime en cime, à l'infini, tour à tour éclatante ou voilée, suivant
les brusques variations du vent.

Bientôt, je prenais congé du señor Juan Pio Burga, dont je
n'oublierai de ma vie la touchante hospitalité, et, réduit à la
société de mes péons taciturnes, je recommençais à gravir et
dégringoler tour à tour les parois des ravins latéraux qui coupent
la rive occidentale. L'amertume de cette retraite, l'indicible mono-
tonie de ces longues journées où l'ampleur des horizons, les pro-
portions démesurées des reliefs et des plans ne permettent guère
d'évaluer la distance parcourue; où le voyageur, en dressant sa
tente le soir après une étape de douze ou quatorze heures,
retrouve, en face de lui, le paysage entrevu le matin ; ces mille

ennuis de la route s'exaspéraient encore à l'obsédant aspect des montagnes voisines dont l'accès m'était interdit.

Notre course, dirigée droit au sud, nous ramenait sur le territoire de Cajamarca, dont il semblait que je ne dusse jamais sortir. Enfin, le 27, un peu avant la nuit, nous mettions pied à terre devant le gué de Haunabamba. Le site était aussi désolé, la plage aussi aride que celle où nous avions campé huit jours auparavant. Mais sur l'autre bord le faîte d'un toit de palmes pointant au-dessus d'un bouquet de verdure, une balsa amarrée au fond d'une crique, révélaient la présence de gens plus sociables. Je fis feu par trois fois en espaçant également les détonations. A cet appel, deux individus sortirent du bois : ils hésitèrent un instant; mais notre petit nombre, et surtout le mouchoir que j'agitais au bout de mon fusil comme un pavillon de parlementaire, témoignait de notre caractère inoffensif. Les amarres furent larguées, et ils nagèrent de notre côté à grands coups de pagaies.

Cinq minutes plus tard, nous entrions en pourparlers sur le ton le plus amical. Ces hommes appartenaient à une petite colonie composée de deux familles d'Indiens originaires du village de Longotea, situé à une demi-journée de marche dans la montagne. Ils occupaient une *chacra* (1), à une portée de fusil du fleuve, et cultivaient un peu de riz, de maïs et de yucca, tant pour leur subsistance que pour en faire commerce avec Celendin et Cajamarca. Nous n'eûmes pas de peine à nous entendre. Ils ne pouvaient s'engager pour longtemps, mais consentiraient à m'accompagner pendant deux jours jusqu'au pueblo de Cajamarquilla.

La convention conclue, il ne me restait plus qu'à prendre congé des péons embauchés à Cajamarca. Je leur remis le complément du salaire stipulé, auquel j'ajoutai, afin de reconnaître la fidélité dont les pauvres gens avaient fait preuve durant trois semaines, quelques brimborions pour leurs femmes. Ils me comblèrent de bénédictions, et, saisissant le pan de mon poncho, ils le portaient à leurs lèvres, avec le ravissement de dévotes baisant l'anneau d'un évêque. On entassa sur le radeau les harnachements et les bagages; après quoi les animaux, alignés le long de la rive, furent poussés dans l'eau à coups de fouet et à coups de pierres. Le courant, assez fort, les entraîna pendant une centaine de mètres, et la vue de ces têtes effarées, surnageant à peine, emportées à la dérive en tournoyant, me faisait redouter une catastrophe. Mais les bêtes des Andes sont habituées à ce genre de sport qui leur est rarement fatal. Nous eûmes la satisfaction, en touchant la rive, de les voir prendre terre et galoper à notre rencontre, la « madrina » guidant ses camarades avec de joyeux hennissements.

---

(1) Hutte indienne. Le terme usité, aussi bien sur les rivières amazoniennes que dans les Cordillères, sert à désigner non seulement la maison, mais le terrain cultivé tout autour. Il est synonyme de *défrichement*. (M. M.)

Dès le premier pas dans l'abrupte vallée de Longotea, l'aspect sévère du paysage s'accentue; la nature du terrain, les contours des montagnes, avertissent que l'on entre dans un monde nouveau. On ne saurait imaginer deux régions plus disparates que la Sierra aux vastes plateaux ondulés et la Cordillère proprement dite. A la place de la pampa gazonnée, la roche concassée, constellée de schiste et de mica, découvrant, de loin en loin, quelques pieds carrés de terre végétale d'un rouge de sang: des entassements de blocs tombés : dans les interstices de la pierre, quelques touffes d'herbe grossière, cassante comme du bois mort, et deux espèces d'arbustes rabougris appelés *ccapu ccanili*, d'essence résineuse, le seul combustible de la chaîne centrale. Les formes géo-

INTÉRIEUR PÉRUVIEN.

métriques des sommets qui enserrent la vallée ne sont pas moins remarquables. Ces cônes tronqués, ces trapèzes se détachant durement sur le ciel, ajoutaient à l'étrangeté du tableau. On n'y pressent pas l'homme. On se représenterait plutôt ainsi la surface de ces mondes planétaires où rien ne laisse deviner l'épanouissement de la vie, la présence de l'air et de l'eau.

Le hameau lui-même, qui renferme une dizaine de familles, est à peine visible. On pourrait le traverser sans en soupçonner l'existence. Les huttes, accotées contre les blocs éboulés, semblent faire corps avec le roc. Longotea est situé à l'extrémité supérieure de la vallée à laquelle il donne son nom. Un dernier couloir, incliné à 45°, aboutit à l'étroite arête d'un col d'où le regard embrasse un soulèvement confus, une danse folle de montagnes, le « sicut arietes » de l'Ecriture, et, dominant ce chaos comme un phare battu des vagues, le pic glacé de Cajamarquilla. Le pueblo est planté presque en encorbellement, au flanc de la montagne, très peu au-dessous de la limite des neiges. J'y pénétrai à la nuit tombée, non sans avoir été forcé de rompre charge deux ou trois fois dans le dernier quart de lieue, vu l'exiguïté de certains passages et les chutes fréquentes des animaux dans les coulées de glaise détrempées par les infiltrations du glacier. Aux cris des péons, au bruit des fers sur le roc, les habitants sortirent en hâte de leurs maisons, et nous fûmes, en moins de temps qu'il n'en faut pour le dire, entourés par une foule compacte. L'heure avancée ne permettait pas de lire sur les physionomies si nous allions être accueillis en bienvenus ou en trouble-fête. Nous fîmes halte, et l'un de mes hommes, s'improvisant mon héraut d'armes, informa la population qu'un *taita* était là, réclamant l'hospitalité.

Il n'avait pas achevé que les offres pleuvaient : « Viens par ici!... Ne crains rien!... *Caïnacpi!... Mana carcati!...* » Ces invitations chaleureuses m'arrivaient de tous côtés. Par un de ces mouvements spontanés assez fréquents chez cette race singulière, c'était à qui se disputerait l'honneur de recevoir l'étranger. Un bras plus vigoureux que les autres parvint à saisir de haute lutte la bride de mon cheval, et je fus traîné plutôt que conduit au gîte par un hôte dont j'ignorais le nom et le visage.

La maison contenait nombreuse compagnie. Du reste, à en juger par la foule sur pied lors de mon arrivée, le chiffre de la population paraissait hors de proportion avec l'étendue restreinte du village. Beaucoup d'habitants paisibles du territoire d'Amazonas avaient fui le théâtre de l'insurrection et cherché asile dans la province voisine. L'unique pièce du logis était littéralement bondée. Une cinquantaine de personnes, de tout sexe et de tout âge, formaient le cercle autour d'un feu de broussailles disposé sur de larges pierres plates encastrées dans le sol battu. La fumée, faute d'une autre issue, s'échappait par les fentes de la toiture et par la porte basse. A genoux près du foyer, sur lequel un brouet quelconque mijotait dans un grand chaudron, une fillette attisait la flamme en soufflant dans un tube de bois. Sur le seuil, une jeune Indienne assez jolie, le sein nu, son enfant dans les bras, endormait le nourrisson en psalmodiant un chant de pâtre :

> Chamui, urpi maillua,
> Chaillua chucaraiqui.
> Caï vagnos yaccupi
> Mamai chaquinaiqui...

« Viens, ma petite colombe; quitte ton nid, quitte ta mère. Je t'attends auprès du ruisseau... »

On me fit place d'assez bonne grâce. Les mules déchargées, ma literie installée dans un coin, je me fis conduire, sans plus tarder, chez le *Teñiente-gobernador*. L'audience fut brève; le fonctionnaire n'était pas en état de soutenir un entretien prolongé : je le trouvai couché, grelottant la fièvre. Et comme je m'étonnais que le mal pût sévir dans une localité aussi saine, dans la pure atmosphère des hauteurs, il répondit que le cas était assez fréquent. La plupart des cultures se trouvant à de grandes distances du village, dans les bas-fonds chauffés du soleil, abrités du vent, les habitants avaient à subir presque chaque jour des variations de température qui éprouvaient les plus robustes. Il était, pour sa part, redevable de cet accès à un séjour d'une semaine dans sa chacra située au bord du Marañon.

Le malade me reçut d'ailleurs de la façon la plus bienveillante. Quand je lui eus donné lecture de mes recommandations officielles, et présenté le papier orné du grand sceau de l'État, il me promit d'user de tout son pouvoir pour me procurer des vivres et des hommes. Je n'en demandai pas davantage, e', après lui avoir fait accepter un peu de quinine, je me retirai, remettant à un autre jour l'enquête relative au passage qui existait jadis entre Cajamarquilla et la *Montana*.

De retour au gîte, je trouvai la chambrée écuelles en main. Je déballai la vaisselle du voyageur, les assiettes découpées dans une calebasse, le couvert de fer, et fis honneur, comme les camarades, à une bouillie de pommes de terre et de maïs, dont l'apparence et la saveur rappelaient les *gaudes* des montagnards franc-comtois.

Le repas terminé, chacun s'accommoda de son mieux pour la nuit. L'air frais du soir, arrivant par la porte grande ouverte, avait balayé la fumée, la pièce n'était plus éclairée qu'au centre par un rayon de lune. Un pot de borracha fut passé à la ronde, et bientôt les langues se délièrent. Un grand diable, mon voisin, racontait quelques épisodes de l'insurrection dont il avait été témoin, entre autres la capture de l'aide de camp du préfet La Torre par les indigènes de Santo-Tomas. Il disait l'embuscade, les quartiers de roc détachés roulant en avalanche sur le sentier, l'escorte en fuite, le cavalier pris sous son cheval assommé; puis le supplice sur la place du village, devant l'église, l'homme garrotté recevant la bastonnade :

« Pour ne pas le tuer trop vite, on mit de côté les bâtons, et tous, les jeunes gens, les vieillards, les femmes aussi, frappèrent de loin avec des pierres, des tisons enflammés. Don Gil est tombé la face contre terre; mais le *padre* est arrivé : il a ordonné d'arrêter, disant qu'il ne fallait pas que l'autre mourût sans confession, comme un païen. On l'a relevé alors, et, comme il ne remuait plus, on lui versa un peu d'aguardiente sur les lèvres et sur le visage pour le ranimer; mais il a seulement rouvert les yeux, il a crié : « Jésus!... » et il est mort. »

Mon voisin détaillait ces horreurs froidement, sans commentaires, en dilettante. Puis, le sommeil le prit, comme les autres.

On n'entendit plus que le souffle égal des dormeurs, le suintement du glacier, au loin, sur les roches, et, à deux ou trois reprises, les pleurs du bébé indien aussitôt apaisés par le refrain berceur :

.....Urpi maillua,
Chaillua chucaraiqui.....

« Quitte ton nid, petite colombe !... »

Marcel MONNIER.

HACENDERO.

www.ingramcontent.com/pod-product-compliance
Lightning Source LLC
Chambersburg PA
CBHW060554050426
42451CB00011B/1900